Stephan Rothlin

Solidarische Kontemplation

AF153234

Stephan Rothlin

Solidarische Kontemplation

Im Dialog zwischen Ost und West

Fromm Verlag

Imprint
Any brand names and product names mentioned in this book are subject to trademark, brand or patent protection and are trademarks or registered trademarks of their respective holders. The use of brand names, product names, common names, trade names, product descriptions etc. even without a particular marking in this work is in no way to be construed to mean that such names may be regarded as unrestricted in respect of trademark and brand protection legislation and could thus be used by anyone.

Cover image: Copyright der Photos: © Klaus Pichler Photographie www.pichlerphoto.ch CH-8853 Lachen SZ Schweiz

Publisher:
Fromm Verlag
is a trademark of
Dodo Books Indian Ocean Ltd. and OmniScriptum S.R.L publishing group

120 High Road, East Finchley, London, N2 9ED, United Kingdom
Str. Armeneasca 28/1, office 1, Chisinau MD-2012, Republic of Moldova, Europe
Managing Directors: Ieva Konstantinova, Victoria Ursu
info@omniscriptum.com

Printed at: see last page
ISBN: 978-3-8416-0638-9

Stephan Rothlin

Solidarische Kontemplation im Dialog zwischen Ost und West

Mit Fotos von Klaus Pichler

FÜR

Maria Rothlin-Schrattenthaler (1929-2022)
Peter Rothlin (1924-1986),

und

P. Josef Bruhin SJ (1934-2024)

Herzlicher Dank an Ruth Wiederkehr, Paul Widmer und Peter Camenzind Ladanyi-Verein, Zürich für die Hilfe am Text und Gestaltung des Buchs.

INHALT

Hebei Provinz, China

EINFÜHRUNG

Kontemplation fordert heraus, einen Weg in die Stille zu gehen. Im Raum der Stille wächst die Kunst, sein eigenes Leben als Geschenk zu empfangen, es besser in die Hand zu nehmen und zu gestalten. Da uns die Zeit buchstäblich ständig davonzulaufen scheint, ist es auch eine anspruchsvolle Kunst, die Zeit voll und ganz zu nützen.

Dieser Weg macht uns zugänglicher für andere Menschen und hilft uns, ihnen besser zuzuhören und auf sie einzugehen. Das scheint im Stress des Alltags ein aussichtsloses Unterfangen zu sein. Zu stark scheint unser Leben durchzogen von Lärm und Störfaktoren, die ein Eindringen in die Stille verunmöglichen. Diese Dissonanzen begleiten auf jeden Fall den kontemplativen Weg und können nie völlig ausgeschaltet werden.

Allerdings zieht sich eine Einsicht durch das Handbuch, dass sich die Erfahrungen des Buchs nur dem erschliessen, der dieses Buch als einen systematischen Wegführer immer wieder einübt und sich den Fragen stellt. Damit wird das Buch zu einem treuen «Vademecum»: wer sich entschliesst, täglich genügend Zeit zur Kontemplation zu nehmen, wird einen Wandel erfahren, der zu sich selbst und zu den anderen führt. Diese Erfahrung zieht sich durch verschiedene mystische Traditionen des Ostens und Westens. Das Vademecum gründet auf jüdisch-christlichen Formen der Kontemplation, die im Dialog mit asiatischen Weisheitstraditionen durch mantrische Meditationen geprägt sind.

Dieser Dialog zielt auf eine enge Verknüpfung von Theorie und Praxis. Es erschliesst sich letztlich nur in der treuen regelmässigen Übung, was geschieht, wenn wir uns auf ein einzelnes Wort konzentrieren. Dabei entdecken wir einen Widerspruch: die scheinbar einfache Wiederholung eines Wortes ist eine der anspruchsvollsten Übungen. Diese spirituellen Erfahrungen mit der Wiederholung und Aneignung von Heiligen Worten wurden über Generationen vor allem in mündlicher Tradition weitergegeben. Eine regelmässige Praxis und Vermittlung von Kontemplation scheint allerdings in den christlichen Kirchen weitgehend abgebrochen zu sein. So ist es innerhalb einer spirituellen Wüste das erklärte Ziel dieses Vademecums, einige entscheidende Wegmarken wieder in den Blick zu bekommen, welche zu einer regelmässigen Praxis von Kontemplation führen.

Die stärkste Motivation, bis zum Tod dieses tägliche Ritual einzuüben, erwächst aus der Erfahrung einer intensiven Freude, die wie von selbst aus einer täglichen Praxis erwächst.

Der kontemplative Weg geschieht im Spannungsfeld meiner Begegnungen mit Menschen verschiedener Kulturen und Religionen Asiens, besonders Chinas und Indiens. Zurückblickend auf die letzten Jahrzehnte scheint gegenseitiges Interesse und Bereitschaft, sich mit anderen Lebens- und Denkweisen ernsthaft auseinanderzusetzen, grossen Schwankungen unterworfen zu sein. So erweist sich Kontemplation nicht zuletzt auch als eine Chance, in jeder Situation die nötige Distanz zu gewinnen, die hilft, massive Spannungen zu entschärfen und Wege zueinander und gegenseitiges Verständnis zu erschliessen.

Die Krise verschiedener Epidemien und das Chaos kriegerischer Konflikte hat viele an den Rand des Abgrunds gebracht durch Arbeitsverlust, psychische Belastungen und Einschränkungen im Leben. Allerdings birgt diese Krise eine Chance innezuhalten, um zu sich zu kommen und sich Zeit zur Stille zu nehmen. Zunächst geht es darum, gewissermassen im eigenen Haus Ordnung und Raum zu schaffen: denn Kunst des Führens meint zunächst, sich selbst führen zu lernen.

Schaffe ich es, mich regelmässig dazu durchzuringen, mir Zeit zur Stille und Sammlung zu nehmen? Ausreden gibt es jederzeit, vor allem den Vorwand, keine Zeit zu haben.

Doch öffnen sich manchmal unerwartet neue Türen; beispielsweise kann eine Quarantäne in einem Hotel oder ein Krankenhausaufenthalt eine zermürbende Zeit und anscheinend ein purer Zeitverlust sein – oder, wie es in diesem Handbuch beschrieben ist, der Beginn einer Entdeckung und Anfang eines inneren Transformationsprozesses.

Anstatt mehr oder weniger ziellos in der Welt herumzureisen, können wir in vertrauter Umgebung endlich die Chance nützen, uns besser kennenzulernen und einen Sinn dafür zu bekommen, was im Leben wirklich zählt.

Nun gibt es, auch was die religiöse Erfahrung betrifft, «unmusikalische» und «musikalische» Menschen. Der Weg der Kontemplation steht allen offen. Für religiös musikalische Menschen kann dieser Weg manchmal die Gestalt einer Pilgerwanderung annehmen: dem Aufbrechen zu einem Heiligtum, der Entdeckung der eigenen spirituellen Wurzeln und dem Eindringen in die eigenen Heiligen Schriften.

Doch auch religiös unmusikalische Personen können einfach in Stille eintauchen und dort Dinge entdecken und erfahren, nach denen sie lange gesucht haben. Was die Offenheit für den kontemplativen Weg betrifft, so kann es manchmal sogar ein Vorteil sein, nicht von religiösen Erfahrungen und Vorurteilen besetzt zu sein.

Das Vademecum möchte in der gebotenen Kürze auch darlegen, dass Kontemplation einen gangbaren Weg erschliesst, wenn jede Annäherung und gegenseitige Verständigung in Konflikten aussichtslos scheinen. Kontemplation befreit zu einer Kultur eines Umgangs mit sich selbst und anderen, welche das Interesse an der grösseren Gemeinschaft nie aus den Augen verliert. Es geht dabei immer auch um wichtige kleine Schritte, um die Lebenskunst von Kontemplation und Einsatz für Versöhnung und Frieden mit anderen einzuüben und in verschiedenen Netzwerken umzusetzen.

Das Vademecum erschliesst eine Lebenskunst, die es ermöglicht, kostbare Zeit für sich und für andere besser zu nützen und fruchtbar zu machen.

Die Kunst des Führens, die aus der Kontemplation wächst, ist kein auswechselbares Hobby neben unzähligen anderen. In diesem Fall ist es eine Lebenshaltung, die angesichts von Krisen und Katastrophen Gestalt gewinnt.

Castelluccio, Italien

1. KAPITEL: IN DER STILLE ZU SICH KOMMEN UND GEBORGEN SEIN: EINE RADIKALE HERAUSFORDERUNG

Zur Stille zu kommen, scheint heute fast unmöglich zu sein. Zu stark scheint uns ein beständiger Lärmpegel abzulenken. Nicht nur Strassenlärm und Presslufthammer gehen auf die Nerven, sondern noch lästiger ist der innere Lärm von Ärger, Stress und Sucht. Es lohnt sich, sich ganz offen mit folgenden Fragen auseinanderzusetzen: Habe ich Angst vor der Stille? Angst vor der Öffnung mir selbst gegenüber? Angst vor Erkenntnissen über mich und erst recht aus den Konsequenzen, die ich für mich selbst daraus ableiten müsste und die ich vermeiden will zu realisieren und erst recht umzusetzen in Handlungen?

Wo droht mir Stille? In der kurzen Ruhe schon bei einer Fahrt in der U-Bahn? In der Arbeitspause? Beim Einschlafen abends? Nachts bei Schlaflosigkeit? Morgens beim Aufwachen? In der Natur? In der Kirche? Im Hotel? Abends nach Feierabend allein zuhause? Wie bekämpfe ich das Erscheinen der Stille mit ihren drohenden Erkenntnissen? Zerstreuung und Abtötung im Fitnessstudio, in der Kneipe, auf Partys, an Kulturveranstaltungen? Mit Alkohol, Drogen oder pausenloser Arbeit? Geht es nicht immer wieder um eine Flucht in physische und mentale Erschöpfung durch pausenlose äußere Beanspruchung, um nicht zu mir kommen zu müssen?

Wie entfliehe ich einem drohenden Tag der Stille?
Wie kann ich spüren und erkennen in der Stille, dass ich weglaufe, vor was und wem ich weglaufe, warum ich weglaufe, warum ich meine Laufrichtung nicht ändere?

Angst, die spürbaren Probleme zum expliziten Problem werden zu lassen, indem ich es mir eingestehe? Zugeben zu müssen, dass ich eher den Weg weitergehe, der meiner Erkenntnis zuwiderläuft? Eingestehen zu müssen, was die Verführung dieses falschen Weges ist, den ich trotz besserer Erkenntnis nicht verlassen will? Vor welchen Erkenntnissen, inneren Mahnungen und Selbstvorwürfen habe ich Angst?

Angst zu erkennen auch, wie weit ich schon bin als erfolgreicher Selbstbetrüger, mein kluges, komplexes System der Selbstbetrügereien, das ich entwickelt und ständig erweitert habe, überhaupt erstmal innerlich anzusehen? Und viel schlimmer die Folgen der inneren Stimme, die dann womöglich wieder hörbar wird: Es zu beschreiben, zu erfassen, zu verändern, um es schließlich zu überwinden, und sich zuzugeben, dass man genau das lieber verhindern möchte, indem man die Augen und Ohren davor verschließt. Und in ärgster Konsequenz einzugestehen, dass man deutlich weiss, dass es nur als Gutes gäbe, sich endlich zu verändern, dass die innere Balance wieder eintreten könnte, die man verdrängt; bildlich gesprochen: die breite goldene Straße verlassen und den unbequemen Weg zu gehen, von dem man längst weiß, dass er der richtige ist.

Angst auch davor, sich selbst klar zu vermitteln, wie die scheinbaren Gewinne heißen, mit denen man sich selbst betrügt: diese Gewinne ansehen und den Blick nicht wenden, aber die Begehrlichkeit trotzdem verlieren zu wollen...
Wer fängt mich auf, wenn mich diese Ängste plagen, die immer auftauchen, wenn Stille ist?

Warum verschwinden bei allen tausend anstrengenden Ausflüchten diese Ängste nicht in mir, die Andere bestimmt gar nicht kennen, die tausendmal skrupelloser und erfolgreicher sind als ich?

Schließlich: Und wenn ich schon so unzufrieden mit mir selber bin, weil es mir allzu schwer fällt, so zu handeln, wie es richtig wäre, und ich beschließe, weiter den falschen Weg zu gehen: wie werde ich mein Gewissen los, damit es mich nicht weiter quält?

Zudem macht mir die Stille bewusst, welche Leere in mir ist. Alle Ziele, alles worauf ich meine Aktivität im Alltag richte, ist mir in Wirklichkeit nicht erstrebenswert. Meine Grundbedürfnisse sind befriedigt, ich leide keine Not und habe von allem, was ich brauche, sowieso genug. Mir fehlt nichts, ich suche nichts und eigentlich ist mir alles langweilig und gleichgültig. Ich finde keine Erfüllung, und wenn ich keine zugewiesenen Aufgaben habe, bleibe ich einfach im Bett und zerstreue mich mit Filmen. Keine Religion spricht mich an, keine Esoterik, keine Lebensphilosophie. Keine Gottheit antwortet mir auf meine Fragen, keine schickt mir irgendein Zeichen. Also bin ich zumindest manchmal Atheist. Ich glaube auch an keine Existenz nach meinem Tod, mich spricht keine Transzendenz an. Ich bin Materialist. So ist mein Leben im Grunde unwichtig und überflüssig, ebenso das Leben aller anderen. Das ist so deprimierend, dass ich die Stille, in der das aufscheint, unbedingt vermeide.

Es ist wichtig, alle diese möglichen Vorbehalte sich klar vor Augen zu halten. Wir müssen also ganz neu lernen, aus dem Chaos von Lärm, Angst, Langeweile und manchmal Selbstzerstörung, Sucht und Gewalt einen Weg zurück zur Stille finden. Und das geschieht vor allem dadurch, dass wir uns hinsetzen und im täglichen Ablauf herausfinden, wann die Kontemplation anzusetzen ist.

Normalerweise empfiehlt es sich, gleich nach dem Aufstehen Körperübungen zu machen, eventuell einen Lauf machen und nach dem Duschen zwanzig bis dreissig Minuten jeden Tag für das Gebet der Stille zu reservieren. Das sollte auf keinen Fall von der momentanen Laune abhängig sein.

Aus der Stille wächst Inspiration. Einer der grössten Pianisten der Neuzeit, Arturo Benedetti Michelangeli, ist immer wieder plötzlich für einige Tage verschwunden. Sein Refugium war ein abgelegenes Franziskanerkloster auf dem Berg Alverna bei Arezzo, wo er Sammlung und Stille gesucht hat. In den Fuss-Stapfen von Franz von Assisi, der in dieser Abgeschiedenheit die Nähe der Kontemplation und die Begegnung mit dem Gekreuzigten vor 800 Jahren gesucht und gefunden hat, brauchte auch Michelangeli immer wieder diese Erfahrung von Stille, aus der seine Musik geboren ist. Tatsächlich scheint die Musik, die er so einzigartig zum Klingen brachte, gewissermassen aus der kontemplativen Schau geboren zu sein. Ein Freund von Michelangeli machte sich Sorgen, weil der Meister des Klaviers mit zunehmendem Alter immer einsamer geworden ist. Tatsächlich kann die Sehnsucht nach Abgeschiedenheit auf einem Berg gleich mit einem Versumpfen in Einsamkeit und seelischer Einöde verwechselt werden.

Deshalb ist es überraschend zu entdecken, dass sich durch eine regelmässige Praxis der Kontemplation wie von selbst Stille als Erfahrung von Geborgenheit eröffnet. Allerdings geht diese Weise von Geborgenheit viel tiefer als die oberflächliche Befriedigung durch Angebote der Wellness. Selbstdisziplin ist entscheidend, um immer wieder gelassen, doch beharrlich vom Gebrüll unserer inneren Affen loszukommen und Stille als Offenbarung einer neuen Welt zu erfahren.

Stille eröffnet einen Raum des Atems. Zunächst geht es darum, sich selber diesen Raum immer zu geben. Doch gerade wer in Gesellschaft und Staat eine leitende Rolle spielt, braucht Zeiten der Ruhe und Sammlung, um im rasanten Wandel klare Orientierungspunkte für sich zu finden.

Diese Weisheit steht durchaus in der Tradition der Exerzitien des Ignatius von Loyola, die darauf abzielen, in der Betrachtung der Bibel und des Lebens Jesu ein Gespür zu entwickeln, was der Wille Gottes ist.

«Secum habitavit», so wurde ein grosser Meister der Kontemplation, der Ordensgründer Benedikt (480-547) mit einer Kurzformel beschrieben: «Er ist ganz bei sich zu Hause gewesen.» Dies ist auch eine Kurzbeschreibung von integren Führungspersönlichkeiten, die nicht unter dem Zwang stehen, Menschen nach ihrem Mund zu reden, sich manipulieren zu lassen, sondern welche zunächst erfahren, dass sie bei sich angekommen sind. Im Unterschied zu Egomanen, Autokraten und Narzissten, die nur ihre eigenen Bedürfnisse im Blick haben, denen die anderen letztlich egal sind, gelingt es integren Führungspersönlichkeiten zu einer inneren Freiheit vorzustossen, die sie demütig macht. Ihr Ego hat sich zu einem inneren Diamanten geformt, der letztlich von Gott geschenkt und poliert wird. Damit verdunstet wie von selbst das selbstsüchtige «Kleine Ego», wie es Karlfried Graf von Dürkheim bezeichnet. Wo haben sich zur Zeit diese Führungspersönlichkeiten versteckt?

KERNPUNKTE VON STILLE:

- Wo erfahre ich am besten Stille:
  in der Natur, in einer Kirche, in einem Meditationsraum?

- Wann reserviere ich mir jeden Tag Zeiten der Stille:
  am Vormittag? Am Abend?

- Kann ich mir einen Tag in der Woche freihalten, der
  mir besonders hilft, Stille zu finden?

Zürichsee, Schweiz

2. KAPITEL: ZWISCHEN STILLE UND SCHRIFT: ENTSCHEIDEN ALS CHANCE DER KRISE

Es ist eine Kunst, immer wieder beharrlich die Kultur der Stille zu pflegen. Im Wirrwarr und Stress des Alltags droht jeder Ansatz von Stille im Keim zu ersticken.

Eine Oase von Sammlung hat sich in der Zen-Tradition des « Zazen», im einfachen «Sitzen» bewahrt. Die Atmosphäre des Schweigens als Ausdruck tiefster Kommunikation hat sich in Filmen eines Meisters seiner Zunft, dem Japanischen Regisseurs Akira Kurosawa lebendig erhalten. Im Film Dersu Uzala (1975) zeigt er, wie genuine Freundschaft im Schweigen wächst und wie Dersu Uzala sich als wahrer Freund erweist, wenn er gekonnt während eines Schneesturms seinen Freund vor dem sicheren Tod bewahrt, indem er ihm eine sichere Hütte baut.

Zen-Meditation und das meditative Blumenbinden Ikebana haben in Europa und den Vereinigten Staaten seit Jahrzehnten gerade auch jene Menschen angesprochen, welche sich von den offiziellen Glaubensgemeinschaften entfremdet fühlten.

Trotzdem scheint es naiv zu glauben, dass die Zen-Kultur und -Kunst in Asien eine prägende Rolle in der Gesellschaft spielt. Kenner glauben, dass Zen in Asien eine noch viel marginalere Rolle spielt als in Europa, wo sich besonders in den siebziger, achtziger Jahren viele Leute östlichen Meditationsformen zugewandt haben.

Religiöse Erfahrungen können immer wieder vom Schwall von Worthülsen und Aktionen erstickt werden. Dabei kann Raum für eine

Atmosphäre der Stille kaum aufkommen. Es ist deshalb wichtig, mit Entschiedenheit diesen Raum der Stille täglich zu suchen.

Dabei gilt es verschiedene Formen der Stille zu unterscheiden: es gibt durchaus auch die peinliche Stille: wenn Kommunikation nicht natürlich fliesst, weil Angst, Wut oder Vorurteile ständig in die Quere kommen. Wenn Feindschaft und Hass schon so tief sitzt, kann jeder Versuch, in ein Gespräch zu kommen, ohnehin aussichtslos oder als Verrat erscheinen. In diesem Sinn zielt Kommunikation auf ein Schweigen, das genau die Kommunikation ermöglicht, um gangbare Wege der Versöhnung zwischen zerstrittenen Parteien zu ermöglichen.

Selbst klösterliche Gemeinschaften, die ja auch zutiefst gespalten sein können, haben erfahren, dass gemeinsames Schweigen in der Kontemplation wieder ein Weg zueinander eröffnet hat.

Im positiven Sinn ermöglicht Stille, das eigene Ich zu entdecken und Anderen wirklich zuhören können. Wie von selber fällt es dann auch leichter, sich bewusst Zeit zu nehmen.

Nehmen wir uns also Zeit zur Stille. Nach dieser Zeit der Stille betrachten wir eine Schriftstelle wie zum Beispiel: «Lauter Güte und Huld werden mir folgen mein Leben lang.» (Psalm 23).

Erst aus der Stille heraus gelingt es, die Schriftstelle als einen ganz besonderen Ruf an mich selbst und an meine Gemeinschaften zu entdecken. Ganz besonders in Zeiten der Krise, wo scheinbar ausweglose Situationen entstehen, erschliesst sich uns aus dem Schweigen eine Lösung und ein gangbarer Weg, endlich jene Entscheidungen zu treffen, die zur Lösung eines Problems notwendig sind.

KERNPUNKTE DER SCHRIFT:

- Öffnen Sie die Bibel spontan:
  Welche Stelle haben Sie gefunden?

- Was sagt Ihnen diese Stelle jetzt?

- Können Sie diese Stelle in den nächsten Wochen
  weiter betrachten und vertiefen?

Zürichsee, Schweiz

3. KAPITEL: «WUWEI»: EINEN DURCHBRUCH GESCHEHEN LASSEN

Für das Gelingen der Kontemplation ist es entscheidend, von Beginn einer Sitzung eine gute Haltung einzunehmen. Verschiedene negative Erlebnisse lassen uns buchstäblich einknicken und in uns zusammenfallen. Deshalb ist es wichtig, immer wieder darauf zu achten, gleich zu Beginn der Kontemplation den eigenen Körper in eine aufrechte Haltung zu bringen und ihn so während der Kontemplation zu belassen. Während der Kontemplation ist auch darauf zu achten, sich nicht zu bewegen oder dem Impuls, sich zu kratzen nachzugeben. Damit ist durchaus nicht eine starre verkrampfte Haltung angezielt, sondern ein gelöstes waches Ruhen in sich. Besonders ist darauf zu achten, die Schultern locker hängen zu lassen.

Wir können die Erfahrung, «Haltung zu beziehen» unschwer auf das Thema der Führungskunst beziehen. Wer in führender Position ist, muss inmitten eines ständigen Wandels, von verworrenen Situationen und im Umgang mit schwierigen Leuten immer wieder darum ringen, Haltung zu bewahren. Wer einfach ausrastet oder buchstäblich in sich zusammenfällt, kann sich in wenigen Augenblicken ein ganzes Kapital von Achtung verspielen. In entscheidenden Augenblicken sind nicht Worte oder rasche Entscheidungen gefragt, sondern einzig die Geduld, trotz allem Haltung zu bewahren.

Dieses aktive scheinbare «Nicht-Handeln», wird in der Taostischen Sprache mit dem Ausdruck «Wu Wei» als eine entscheidende Haltung bezeichnet, die es ermöglicht, durch das Ertragen einer Situation nicht nach einem oberflächlichen schnellen Rezept zu greifen, sondern die beste Lösung gewissermassen geschehen zu lassen. Gerade komplexe Gesellschaften wie in Asien fordern uns heraus, bestimmte Situationen einfach einmal auszuhalten.

Wir können zunächst immer darauf achten, bei mühsamen Gesprächen und Konflikten den Körper in einer aufrechten Haltung zu bewahren, gerade wenn wir mit unserem Latein am Ende zu sein scheinen. Damit signalisieren wir in unserer Körpersprache, dass wir in jedem Fall uns und unserem Gegenüber die Chance geben, Haltung zu bewahren: aufrecht zu bleiben, daran zu arbeiten, gegenseitige Achtung aufrecht zu erhalten; der Wahrheit auf die Spur kommen; eine andere Sicht auf die Sachlage zu erkennen und gelten zu lassen; immer wieder um Kompromisse zu ringen, anstatt einzig auf der eigenen vorgefassten Meinung zu beharren.

Wo immer wir sind, nicht nur im Kontext von Asien ist es äusserst hilfreich, darauf zu achten, sowohl das eigene Gesicht nicht zu verlieren und gleichzeitig auch, dass der oder die andere Gesicht und Anerkennung, Geltung, sozialen Status nicht verliert. In wenigen Augenblicken kann ein Vertrauensverhältnis zerstört werden, an welchem man Jahre lang gearbeitet hat.

KERNPUNKTE VON FREIRÄUMEN

- Wo habe ich einen Raum, der mir zur Kontemplation und zum Innehalten hilft?

- In welchen Situationen neige ich dazu, Haltung zu verlieren?

- Kann ich dem anderen immer wieder eine Chance geben, Haltung zu bewahren?

Castelluccio, Italien

4. KAPITEL: SCHWERPUNKTE SETZEN: WAS IST WICHTIG?

Eine der grössten Herausforderungen besteht darin, inmitten eines Knäuels von Verpflichtungen, Erwartungen und einigen Wünschen, die richtigen Schwerpunkte zu setzen.

Wir sind heute mit einer enormen Vielfalt von verschiedenen Möglichkeiten konfrontiert. Routine kann zwar eine Hilfe sein, immer wieder anfallende Aufgaben zu erledigen; doch andererseits ist auch das Risiko gegeben, einer «Routine zu verfallen» und im Alltagstrott nicht mehr in der Lage zu sein, auf eine vernünftige Weise Prioritäten zu setzen.

In der täglichen Übung der Kontemplation legen wir einen Schwerpunkt auf die Stille und auf ein Wort. Ausgerechnet, wenn ein Berg von anscheinend wichtigen Dingen ansteht, die abzuarbeiten sind, scheint keine Zeit zur Ruhe möglich zu sein. Sich gerade dann trotzdem zur Übung zu motivieren, gelingt mit Pflichtbewusstsein und der Überzeugung, dass genau diese Disziplin das Tor zu einer Erfahrung unfassbarer Freude ist.

Bei einer regelmässigen Übung der Kontemplation ist immer mit Störungen und verschiedenen Ablenkungen zu rechnen. In solchen Augenblicken hilft es, sich einen Berg vor Augen zu halten: immer wieder kommt es vor, dass Wolken am Berg vorbeiziehen. In einer ähnlichen Weise lassen wir bei der Kontemplation diese Wolken, sprich: Gedanken, Pläne und vor allem auch die wechselnden Gefühle und Erinnerungen an uns vorbeiziehen.

Die Erfahrung der Reinigung von negativen Gefühlen und einem ständigen Abgelenktsein setzt dann auch im Umgang mit Menschen in einer Firma, Schule oder Sozialprojekten kritische Energien frei. So gelingt es, nicht im Sumpf verschiedenster und divergierender Aufgaben zu versinken, sondern immer wieder darauf zu achten, Schwerpunkte und erreichbare Ziele zu setzen. Immer wieder geht es also bei kontemplativer Führung um das Loslassen von Fixierungen, «idées fixes»: von verbohrten Einstellungen, die es verhindern, sich wirklich auf Neues einzulassen und entsprechend Prioritäten zu setzen.

Was ist denn wirklich wichtig? Um uns aufzuraffen, zunächst ein Hauptziel zu formulieren, das wir auf jeden Fall erreichen wollen, braucht es Mut und Entschiedenheit, die aus der Kontemplation erwachsen. Es kann auch helfen, dieses Hauptziel auf einem iPad oder Notizbuch klar zu umschreiben. Von der Priorität her ergeben sich die weiteren Ziele.

KERNPUNKTE VON SCHWERPUNKTEN:

- Welches sind momentan meine drei wichtigsten Ziele, die ich in den nächsten drei Monaten erreichen möchte?

- Gelingt es mir, in meinem Umfeld – in meinem Team – in meiner Firma die Prioritäten und deren konkrete Umsetzung klar zu kommunizieren?

- Welches sind meine vorgefassten Meinungen, «idées fixes», die mir immer wieder im Weg stehen?

Kykladen, Griechenland

5. KAPITEL: ATMEN:
ZEIT ALS GESCHENK ERLEBEN

Der Rap-Stil in der Musik vermittelt einen greifbaren Eindruck, wie unser Leben sich ohne Komma und Punkt gewissermassen wie eine Schlange vorwärts wälzt, ohne die geringste Aussicht auf eine Pause oder ein kurzes Innehalten. Atemlos geht der Zug weiter. Eine besondere Kunst des kontemplativen Lebens besteht deshalb darin, immer wieder zu bestimmten Dingen Distanz zu gewinnen und sich Ruhepausen einzuräumen.

Dazu gehört heute, sich einen guten Umgang mit Künstlicher Intelligenz und dem Strom sozialer Medien anzueignen. Viele positive neue Seiten erschliessen sich uns durch Künstliche Intelligenz und soziale Medien. Dabei kann auch immer kritisch hinterfragt werden, ob durch einen weisen Umgang mit IT mehr produktive Zeit gewonnen wird oder ob letztlich die knappe Zeit noch mehr gewissermassen durchfurcht ist mit Informationen, die keinen Mehrwert an Wissen bringen.

Die Ironie will es, dass sogar Klöster, welche in ihrer ganzen Ausrichtung auf Chorgebet und Stille ausgerichtet scheinen, immer wieder darum kämpfen müssen, nicht ebenso wie andere Institutionen ganz subtil in das Fahrwasser vom atemlosen Hetzen, Management und Stress hineingerissen zu werden.

Es ist eine Kunst, Augenblicke der Sammlung und des Innehaltens nicht dem Zufall zu überlassen, sondern diesen Zeiten einen festen Platz im Alltag einräumen. Ohne Sammlung fällt es schwer, andere in ihrer Eigenständigkeit, mit ihren Fragen und Erfahrungen, letztlich in ihrer Würde ernst zu nehmen.

Ist es nicht ein besonders kostbares Moment des Aufatmens, das Atmen als Geschenk zu erfahren? Atemzug um Atemzug spüren, dass mir – dass uns Leben geschenkt ist.

Konkret hilft es zu Beginn der Kontemplation, die Aufmerksamkeit darauf zu lenken, wie die Luft in die Nase hinein- und wieder hinausströmt. Wie fühlt sich diese Luft an, wenn sie in die Nase hineinströmt? Wie fühlt es sich an, wenn die Luft wieder aus meiner Nase hinausströmt? Zunächst geht es darum, sich ganz auf diesen Rhythmus des Atems einzulassen und so zu erleben, dass mit jedem Atemzug sich mir gleichsam ein neues Zeitfenster öffnet, sich mir neue Räume erschliessen, statt dass ich mich ständig hetzen lasse. Ein regelmässiges Sich-Einschwingen in die Bewegung des Atems beseitigt nach und nach die Angst, mich zu verlieren.

Raum geben in sich und anderen Raum geben ist sicher auch ein Geheimnis der Kunst des Führens. Wenn mir der Druck von Terminen und Verpflichtungen zusetzt, kann es besonders befreiend sein, immer wieder auf diesen Rhythmus des Ein- und Ausatmens zurückzukommen. Immer wieder gilt es einzuüben, ständig loszulassen. Am schwierigsten dürfte es sein, nach dem Tod von lieben Menschen loszulassen: Das ist zunächst wohl für alle kaum auszuhalten. Und doch kann uns in der kontemplativen Stille eine Verbundenheit mit unseren Lieben erwachsen. Im Horizont des christlichen Glaubens kann sich das Verbundensein als Gemeinschaft von Toten und Lebenden neu erschliessen.

KERNPUNKTE DES ATMENS:

- Wie wirkt mein eigener Atem: verkrampft? gelöst?

- Hilft mir das Aufmerksamwerden auf den Atem, zu mir selbst zu kommen?

- Kann ich mich ganz in meinen Atem loslassen?

Castelluccio, Italien

6. KAPITEL: HÖREN UND ZUHÖREN: ANTWORTEN

Innehalten und lauschen: welche Geräusche höre ich? Kann ich wirklich «ganz Ohr» werden?

Auch in diesem Bereich müssen wir in der Regel nüchtern feststellen, wie verkümmert unsere Sinne scheinen, besonders die Fähigkeit, wirklich zuzuhören. Neben einer allgegenwärtigen Berieselung ist auch die subtile Manupulierung unserer Ideen gerade dort nicht zu unterschätzen, wo wir glauben, direkt unsere Meinung zu sagen. Die Skandale um «Cambridge Analytica» und um verschiedene soziale Medien haben einen Einblick gegeben, wie intime Nachrichten gezielt aus dem Internet herausgefischt und für kommerzielle Ziele missbraucht werden. Gab es je eine Zeit, wo sich Generationen untereinander so fremd vorgekommen sind wie heute, oder hat sich tatsächlich der Umgang mit anderen so fundamental gewandelt?

So ist das Gebot der Stunde, sich selbstkritisch den eigenen Mangel an Zuhören einzugestehen und immer wieder Räume der Stille zu suchen, die es ermöglichen, gründlicher anderen zuzuhören.

KERNPUNKTE DES ZUHÖRENS

- Was hilft mir, ganz Ohr zu werden und richtig zuzuhören?

- Wann ist es mir gelungen, gut zuzuhören,
  wann ist es misslungen?

- Gelingt es mir, zehn Minuten nichts anderes zu tun,
  als zuzuhören und zu schweigen, ohne ständig abzudriften
  in eigene Gedanken, Wunschlisten?

Kephalonia, Griechenland

7. KAPITEL: DEN KÖRPER ERLEBEN ALS SPIRITUELLES INSTRUMENT

Kontemplation stimmt auf ganz besondere Weise darauf ein, den eigenen Körper, wie auch die Körper anderer spirituell zu erleben: das Göttliche spiegelt sich darin, wir erleben, dass wir Gottes Abbild sind. Im christlichen Kontext wird der eigene Leib als «Tempel des Heiligen Geistes» bezeichnet. Um diese Erfahrung der Heiligkeit und Führung durch Gott zu erwerben, ist tägliche Übung nötig.

Es bedeutet zunächst, den eigenen Körper täglich zu fordern. Über Jahrhunderte hat die Chinesische Medizin sich ein ganzheitliches Wissen über den Körper angeeignet und Ratschläge daraus abgeleitet. So bringt, gleich nach dem Aufstehen, ein Glas frisch gekochtes Wasser den Leib gleich in eine gute Schwingung. Das ganze innere Ökosystem von Kopf bis Fuss wird bewässert.

Auch Liegestütz, Jogging oder andere gymnastische Übungen sind entscheidend, um nicht buchstäblich einzurosten, sondern sicher zu stellen, dass der Körper sowohl physisch wie auch psychisch «fit» bleibt und Belastungen besser aushält.

Wir sind ständig einem Strom von Bildern ausgesetzt. Dabei ist eine Unterscheidung erforderlich, um sich zu vergewissern: Welches sind die Bilder, gewissermassen jene Ikonen, die inspirieren, mich im Guten bestärken; welches sind Bilder, die durchaus auch einen negativen Einfluss auf mich ausüben können.

In diesem Sinn können wir auch in unserem Körper Räume gestalten, in denen wir wohnen, so dass diese eine konstant positive

Ausstrahlung auf uns haben. Dazu ist es äusserst hilfreich, dass wir für unseren Körper, für Füsse, Beine, Arme, Kopf... immer wieder danken und dabei unsere Wertschätzung ausdrücken für ein Wunder von Leistung und Kombination, welches wir oft übersehen oder zumindest nicht angemessen würdigen. Vor allem geht es darum heraus zu spüren und daran zu arbeiten, dass mein Leib immer mehr zu einem spirituellen Instrument werden kann. In einer einzigartigen Weise ist dies im traditionellen südindischen Bharata Natya-Tanz ausgedrückt, sei es im individuellen Tanz, sei es im Gruppentanz, wobei jeder einzelne Körperteil gewürdigt wird: besonders Hände, Füsse und Augen scheinen ein Eigenleben zu gewinnen in der Fülle komplexer Bewegungen. So kann das Tanzen immer auch das reinigende Bad im Ganges versinnbildlichen.

Auch wenn wir in der Regel die spirituellen Wurzeln des Körpers nicht so unmittelbar erfahren, so ergibt sich das Verwurzeltsein und die Dankbarkeit für den eigenen Körper als spontane Frucht einer treuen Praxis der kontemplativen Stille.

KERNPUNKTE DES KÖRPERS

- Nehme ich meinen Leib als spirituelles Instrument wahr?

- Welche täglichen Übungen helfen mir,
  meinen Körper zu pflegen?

- Bin ich bereit, durch Fasten meinem Körper ein reinigendes Bad
  zu gönnen?

Zürichsee, Schweiz

8. KAPITEL: DAS WORT ERLEBEN ALS AUSDRUCK DER BEGEGNUNG VON KULTUREN

Mit dem Atmen, dem Zuhören und dem Bewusstwerden des Körpers ist die Grundlage gelegt, weiter zu gehen und sich voll und ganz auf ein Wort, ein «Mantra» zu konzentrieren. Auch diese Dimension ist heute schwer nachzuvollziehen. Zunächst scheint die Bilderflut von den sozialen Medien, Webseiten und Videos die Bedeutung von Worten buchstäblich zu ertränken. Vor sieben Jahren habe ich es erlebt, wie etwa 25'000 Bücher und alle Computer meines Macau Ricci-Instituts aufgrund eines Taifuns durch Hochwasserfluten zerstört wurden. Einzig eine Tibetische Klangschale hat überlebt. Symbolisch scheint sich das Phänomen ständig zu wiederholen, wenn Bibliotheken wie im Fall des Romans «Der Name der Rose» in Flammen aufgehen oder einfach verfallen, von Würmern und Wanzen zerfressen sind, weil offensichtlich niemand mehr Interesse hat, sich die Mühe zu machen, Bücher zu lesen.

Viele Weisheitstraditionen gehen davon aus, dass das ganze Spektrum von verschiedensten Bedeutungen in einem einzigen Wort ausgedrückt sein kann. Das Eingeschränktsein auf ein Wort hilft, die Bedeutung von Worten wieder zu erfahren. Das wirkt sich aus in der Weise, wie wir neu darauf hören, was uns Worte sagen, wie oft wir kaum die wirkliche Bedeutung eines Wortes heraushören. Es ist auch durchaus hilfreich, sich Mnemotechniken wieder anzueignen. Gerade durch das Auswendiglernen wird ein Text nicht nur oberflächlich heruntergespult, sondern nach und nach in seiner Tiefe erschlossen.

Damit sind wir beim wichtigsten Teil der Kontemplation angekommen: beim Ausatmen verbinden wir ein Wort – «Jesus», «Abba», «Father», «Maranatha». Alles andere vergessen wir und lassen es hinter uns. Alle unsere Wünsche und Gedanken bündeln wir in ein einziges Wort, wenn wir ausatmen und das Wort mit dem Atem verbinden.

KERNPUNKTE DES INTERKULTURELLEN WORTES

- Welches Wort liegt mir am nächsten:
  Abba, Jesus, Maranatha, Om?

- Kann ich mir vorstellen, mit diesem Wort und einem
  lächelnden Auge zu sterben?

- Welcher Ort hilft mir, mich voll und ganz auf das Wort
  zu konzentrieren: die Natur, ein heiliger Ort?

Pfalzen, Südtirol, Italien

9. KAPITEL: KONTEMPLATION UND ENTDECKUNG DER HEILIGEN SCHRIFT

Aus der Stille heraus wird das Eintauchen in die Heiligen Schriften nur umso fruchtbarer; denn sich von Bildern, Zerstreuungen zu lösen und sich im Raum der Stille einzufinden, bedeutet nicht, das Wort und die Schrift nicht mehr angemessen zu schätzen. Im Gegenteil: Erst aus diesem Raum der Leere erschliesst sich langsam die reiche Bedeutung von Texten, die vorher entweder völlig ignoriert oder nur oberflächlich verstanden worden sind.

Als kontemplativer Einstieg in die facettenreiche Welt und Geschichte Israels empfiehlt sich die Betrachtung der 150 Psalmen, die im Alten oder «Ersten» Testament der Bibel der Führungsfigur par excellence, dem König David, zugeordnet sind. Obwohl sicher davon auszugehen ist, dass verschiedene Autoren diesen bezaubernden und schillernden Text mitgestaltet haben, geht die jüdisch-christliche Tradition davon aus, dass David diese gesungen hat. David gilt in der Perspektive dieser Geschichte Israels als der fromme König, der trotz seiner Verfehlungen immer wieder den Weg zu Gott findet.

Es gilt, gewissermassen in die Schuhe von David zu steigen: Damit gelingt nach und nach ein Einblick in die Bibel durch die 150 Psalmen, die immer wieder auch die Geschichte Israels schildern. Dabei geht es beim Singen und Spielen Davids auch darum, das eigene Leben zu finden im Spiegel der wechselhaften Geschichte Israels. Dabei schwingt immer die individuelle und die institutionelle Dimension mit, da nicht nur das Leben Davids, sondern immer auch des ganzen Volkes Israels auf dem Spiel steht.

KERNPUNKTE DER HEILIGEN SCHRIFT

- Welche Stelle der Heiligen Schrift inspiriert mich
  zum Stille-Werden?

- Welche Führungspersönlichkeit der Heiligen Schrift
  wird mich durch die nächsten Monate und Jahre
  begleiten und inspirieren: David, Moses, Jesus, Paulus?

Gelber Berg, Anhui Provinz, China

10. KAPITEL: SOLIDARITÄT UND EINBEZIEHUNG DES ANDEREN

Ist Kontemplation in einer Kriegsregion möglich? Ist es überhaupt sinnvoll, einen Gedanken an Stille zu verlieren, wenn das nackte Überleben gefragt ist? Gerade scheinbar völlig ausweglose und verfahrene Situationen machen es erforderlich, dass neue Wege zu Frieden und Versöhnung gefunden werden, bevor es zu spät ist.

Wir brauchen deshalb auch immer die Erinnerung an Menschen, denen es in besonderer Weise gelungen ist, Zeichen der Hoffnung in verzweifelten Situationen zu setzen.

Die Erinnerung an einen Französischen Jesuiten und Freund, P. André Masse SJ, wird mich niemals loslassen: Wir haben uns in meiner Studienzeit in Paris kennengelernt, als André Masse (1940-1987) sich schon als äusserst fähiger Manager erwiesen hat. Beim Tennisspiel in Versailles hat er immer wieder mit lautem Schreien seine Wut über einen misslungenen Ball kundgetan.

Doch als André vierzig Jahre alt war, folgte er einer Einladung, die ihn von Paris in den Libanon führte, wo ein brutaler Krieg unter verschiedenen Fraktionen tobte und in einem grauenvollen Massaker an Christen im März 1985 gipfelte.

Christen und vor allem junge Menschen verliessen damals in Scharen den Libanon. Doch André war überzeugt, dass gerade in dieser Situation von Verzweiflung und Panik der Libanon Hoffnung braucht. Als Vize-Rektor der Universität St. Joseph war es ihm ein besonderes Anliegen, muslimische und christliche Studierende zusammenzubringen und ihnen gute Bildung zu vermitteln. Im gemeinsamen Spiel haben Studierende die Begeisterung im Sport erlebt. Damit war die Grundlage für André gegeben, Kenntnisse in seinem Spezialgebiet Mathematik und Computerwissenschaften zu vermitteln.

Am 24.September 1987 wurde André Masse brutal ermordet von Mördern, die ihm dreimal in den Kopf und zweimal in die Schulter geschossen haben. Das Motiv des Mordes blieb unklar.

Eine solche Lebenshingabe scheint ohne Kontemplation undenkbar zu sein. Es scheint fast unvermeidlich, dass wir durch die Masse von grauenvollen Nachrichten so abgestumpft werden, dass uns Elend, Hunger und Katastrophen kaum noch berühren. Immer wieder hören wir auch von engagierten Menschen, dass sie es einfach nicht mehr aushalten, immer noch schrecklichere Berichte von Brutalität, Gewalt und Perversion zu lesen.

Durch die Erfahrung der Stille gelingt es, ein Sensorium zu entwickeln, die vielfachen Nöte und Schreie der Verzweiflung zu hören und wahrzunehmen. Immer mehr Menschen sind von Krieg bedroht. Die faule Ausrede ist ja, wie Paul Vaz SJ, der viele Jahre in den Slums in Bombay gelebt hat, zu behaupten, dass man einfach hilflos ist und somit auch hilflos bleibt. Mit dieser Einstellung scheint es kaum möglich zu sein, jene Ausdauer und Geduld zu entwickeln, welche erforderlich sind, um scheinbar unlösbare Probleme anzupacken. Deshalb die vielleicht tiefste Einsicht dieses christlichen Meisters der Kontemplation, alles daran zu setzen, mit und für die Armen unterwegs zu sein.

Unser hauptsächliches Augenmerk bei der Kontemplation sollte deshalb immer auch auf jenen Menschen liegen, denen nichts anders übrigbleibt, in diesen Grenzerfahrungen von scheinbar unlösbaren Konflikten zu überleben.

Solidarität ist gefragt auf verschiedenen Ebenen: zunächst und vor allem in der eigenen Familie und Gemeinschaft. Hier können durchaus scheinbar unüberbrückbare Gräben bestehen. Zunächst ist es gut, das Ziel der Versöhnung nie aus den Augen zu verlieren. «Burnout»-Phänomene, ein völliges Gefühl von Ausgelaugtsein, deuten sicher auch darauf, dass es daran gefehlt hat, eine Kultur der Kontemplation zu pflegen, gerade in Krisen und Zerreissproben immer wieder abzuschalten, durchzuatmen, loszulassen.

Vielleicht deutet ein inneres Ausgebranntsein und Abstürzen auch darauf hin, es im Stress, Lärm und eigener Selbstbefangenheit komplett vergessen zu haben, die Kultur der Freundschaft zu pflegen. Wir brauchen dringend genuine Freundschaften, die uns immer wieder einen neuen Horizont der Hoffnung erschliessen.

KERNPUNKTE DER SOLIDARITÄT

- Wie kann ich Kontemplation und Mitgefühl für Andere in Einklang bringen: in der Familie, in meinem Freundeskreis, mit konkreten Beiträgen für Gruppen und Organisationen, die sich für Benachteiligte einsetzen?

- Finde ich in ausweglosen Situationen immer wieder Zeit für Kontemplation, die mein Mitgefühl für Benachteiligte weckt?

- Welche Ziele der Solidarität möchte ich in den nächsten sieben Monaten, in den nächsten sieben Jahren verwirklichen?

BILDERVERZEICHNIS

Klaus Pichler, 1942 geboren, studierte Klassische Philologie in Wien und unterrichtete Latein, Griechisch und Alte Geschichte am Gymnasium am Zürichsee in Nuolen (Schweiz).
Er fotografiert seit über fünfzig Jahren Auftragsarbeiten und eigene Projekte. Arbeiten von ihm sind auf www.pichlerphoto.ch zu sehen.

Printed by Books on Demand GmbH, Norderstedt / Germany